Magical Words: Stories for Norwegian Language Explorers

Teakle

Published by Teakle, 2023.

While every precaution has been taken in the preparation of this book, the publisher assumes no responsibility for errors or omissions, or for damages resulting from the use of the information contained herein.

MAGICAL WORDS: STORIES FOR NORWEGIAN LANGUAGE EXPLORERS

First edition. June 7, 2023.

Copyright © 2023 Teakle.

ISBN: 979-8223629245

Written by Teakle.

Table of Contents

Introduction 1

Mikkel og den skjulte skatten - Mikkel and the Hidden Treasure 3

Tora og det Magiske Korallgrotte-Eventyret - Tora and the Magical Coral Cave Adventure 7

En Reise Mot Drømmene - A Journey Towards Dreams 11

Bjørn og Fuglen: Et Eventyr om Vennskap - Bjørn and the Bird: An Adventure of Friendship 15

Mia og den fortryllede hagen - Mia and the Enchanted Garden 19

Oliver og Øya med Skattene: En Eventyrlig Reise - Oliver and the Island of Treasures: An Adventurous Journey 23

Eventyret om Emma: Magien i Ordene - The Tale of Emma: The Magic of Words 27

Prinsen og Den Mystiske Øya - The Prince and the Mysterious Island 31

Isabellas Eventyr i Skogen: En Reise gjennom Natur og Oppdagelse - | Isabella's Adventures in the Forest: A Journey of Nature and Discovery 35

Oliver og Kaninen: Et Vennskap i Hagen - Oliver and the Rabbit: A Friendship in the Garden 39

Den Magiske Innsjøen: Mia og Olivers Fantastiske Eventyr - The Magical Lake: Mia and Oliver's Amazing Adventures...............43

Markus og Fjellets Hemmeligheter - Markus and the Secrets of the Mountains 47

Den Magiske Skogen - The Magical Forest 51

Den tapre lille egernungen - The Brave Little Squirrel 55

Introduction

———

Welcome to "Magical Words: Stories for Norwegian Language Explorers". This book is an invitation to embark on a unique language learning journey that combines the enchantment of storytelling with the pursuit of mastering the Norwegian language.

Learning a new language can be a challenging and sometimes daunting task, but it doesn't have to be dull and mundane. In this collection of captivating short stories, we aim to make the language learning experience exciting, engaging, and memorable.

Each story in this book has been carefully crafted to transport you to fascinating worlds where courageous characters embark on thrilling adventures. As you follow their journeys, you'll encounter magical creatures, explore breathtaking landscapes, and unravel mysteries that will captivate your imagination.

What makes this book truly special is its focus on language learning. The stories are presented in parallel text format, with the original Norwegian text alongside an English translation. This format allows learners of all levels to delve into the Norwegian language at their own pace, supported by the familiar comfort of English.

Whether you're a complete beginner or an intermediate learner, these stories will serve as a valuable tool to expand your vocabulary, strengthen your grammar skills, and enhance your overall comprehension of the Norwegian language. Each story incorporates everyday expressions, cultural nuances, and a rich tapestry of Norwegian vocabulary, providing you with a practical and immersive language learning experience.

But this book is more than just a language learning resource. It's an invitation to embark on an adventure, to explore the beauty of the Norwegian language, and to discover the rich culture and heritage of Norway. Through the power of storytelling, we hope to ignite your passion for language learning and inspire you to embrace the joys of communication and connection.

So, open these pages and immerse yourself in the captivating tales that await you. Let the wonders of the Norwegian language unfold before your eyes as you journey through these enchanting stories. May this book be your guide, your companion, and your source of inspiration on your language learning adventure.

Are you ready? Let's embark on this exciting journey of "Magical Words: Stories for Norwegian Language Explorers".

Mikkel og den skjulte skatten - Mikkel and the Hidden Treasure

---

Once upon a time, in a magical forest called Trollskogen, there lived a curious little fox named Mikkel. Mikkel was known for his bright orange fur and his mischievous nature. He loved exploring the forest and discovering new things.

En gang i tiden, i en magisk skog kalt Trollskogen, bodde det en nysgjerrig liten rev ved navn Mikkel. Mikkel var kjent for sitt lyse oransje pels og sin rampete natur. Han elsket å utforske skogen og oppdage nye ting.

One sunny morning, Mikkel woke up with a sparkle in his eyes. He had heard a rumor that there was a hidden treasure deep within the heart of Trollskogen. Mikkel couldn't resist the thought of going on an adventure to find it.

En solfylt morgen våknet Mikkel med et glimt i øynene. Han hadde hørt et rykte om at det var en skjult skatt dypt inne i hjertet av Trollskogen. Mikkel kunne ikke motstå tanken på å dra på et eventyr for å finne den.

With excitement bubbling inside him, Mikkel set off on his journey. He hopped over mossy rocks, leaped over babbling brooks, and ducked under low-hanging branches. As he ventured deeper into the forest, the trees grew taller, and the air became cooler.

Med spenning boblende inni seg, begynte Mikkel på reisen sin. Han hoppet over mosete steiner, spratt over klingende bekker og dukket under lavt hengende grener. Etter hvert som han utforsket dypere inn i skogen, ble trærne høyere, og luften ble kjøligere.

Suddenly, Mikkel stumbled upon a group of animals gathered in a clearing. There were squirrels, rabbits, and even a wise old owl named Olaf. They were all talking about the treasure and how it was said to bring good luck to anyone who found it.

Plutselig snublet Mikkel over en gruppe dyr som var samlet i en lysning. Det var ekorn, kaniner og til og med en vis gammel ugle ved navn Olaf. De snakket alle om skatten og hvordan det ble sagt at den brakte lykke til den som fant den.

Mikkel's ears perked up, and he joined the conversation. The animals shared stories and clues about the treasure's location. It was hidden near a sparkling waterfall, behind a giant oak tree.

Mikkels ører reiste seg, og han ble med i samtalen. Dyrene delte historier og hint om skattens plassering. Den var gjemt i nærheten av et sprudlende fossefall, bak et gigantisk eiketre.

Filled with determination, Mikkel thanked his new friends and continued his quest. He followed the sound of rushing water until he reached the breathtaking waterfall. Behind it stood the massive oak tree, its branches reaching toward the sky.

Fylt av besluttsomhet takket Mikkel sine nye venner og fortsatte sin søken. Han fulgte lyden av fossende vann til han nådde det fantastiske fossefallet. Bak det sto det massive eiketreet, med grenene strakt mot himmelen.

Mikkel carefully inspected the area, searching for any signs of the hidden treasure. Suddenly, he spotted a glimmering light peeking through the leaves of the oak tree. He excitedly climbed up the tree and discovered a secret hollow.

Mikkel undersøkte området nøye, på jakt etter tegn på den skjulte skatten. Plutselig fikk han øye på et glitrende lys som tittet gjennom bladene på eiketreet. Han klatret ivrig opp treet og oppdaget en hemmelig hulrom.

Inside the hollow, Mikkel found a beautiful chest made of shimmering gold. It was adorned with sparkling gems and delicate engravings. Mikkel's heart danced with joy as he realized he had indeed found the treasure!

Inni hulrommet fant Mikkel en vakker kiste laget av skimrende gull. Den var prydet med glitrende edelstener og delikate graveringer. Mikkels hjerte danset av glede da han skjønte at han virkelig hadde funnet skatten!

Mikkel carefully opened the chest and found it filled with magical trinkets and precious treasures. But the greatest treasure of all was the newfound friendship he had made along the way.

Mikkel åpnet kisten forsiktig og fant den fylt med magiske smykker og dyrebare skatter. Men den største skatten av alle var det nyoppdagede vennskapet han hadde fått underveis.

With the treasure safely tucked away in his backpack, Mikkel climbed down from the tree and made his way back to the clearing. There, he shared his adventure with his animal friends, and they celebrated together.

Med skatten trygt plassert i ryggsekken, klatret Mikkel ned fra treet og satte kursen tilbake til lysningen. Der delte han sitt eventyr med dyrevennene sine, og de feiret sammen.

From that day forward, Mikkel and his friends continued to explore Trollskogen, always on the lookout for new adventures and treasures. And wherever they went, the magic of their friendship filled the air.

Fra den dagen av fortsatte Mikkel og vennene hans å utforske Trollskogen, alltid på utkikk etter nye eventyr og skatter. Og uansett hvor de dro, fylte vennskapets magi luften.

And so, the curious little fox, Mikkel, lived happily ever after, surrounded by love, laughter, and the wonders of Trollskogen.

Og så levde den nysgjerrige lille reven, Mikkel, lykkelig til sine dagers ende, omgitt av kjærlighet, latter og undrene til Trollskogen.

Tora og det Magiske Korallgrotte-Eventyret - Tora and the Magical Coral Cave Adventure

---

Det var en gang en liten skilpadde ved navn Tora som bodde ved kysten av et vakkert hav. Tora hadde et skjell som var blankt og glitrende som perlemor. Hun elsket å bade i det turkise vannet og leke i sanden.

Once upon a time, there was a little turtle named Tora who lived by the coast of a beautiful sea. Tora had a shell that was shiny and glittering like mother-of-pearl. She loved to swim in the turquoise water and play in the sand.

En dag bestemte Tora seg for å dra på et spennende eventyr. Hun hadde hørt at det fantes en magisk korallgrotte langt ute i havet. Korallgrotten var kjent for å være fylt med fargerike koraller og skjulte skatter.

One day, Tora decided to go on an exciting adventure. She had heard about a magical coral cave far out in the sea. The coral cave was known to be filled with colorful corals and hidden treasures.

Tora la ut på reisen sin og svømte så raskt beina kunne bære henne. Underveis møtte hun mange sjødyr som ønsket å være med på eventyret. Det var en leken delfin ved navn Finn, en nysgjerrig blekksprut ved navn Oskar og en livlig sjøstjerne ved navn Stella.

Tora set off on her journey and swam as fast as her legs could carry her. Along the way, she met many sea creatures who wanted to join the adventure. There was a playful dolphin named Finn, a curious octopus named Oskar, and a lively starfish named Stella.

Sammen dannet de en fryktløs gruppe og fortsatte reisen mot korallgrotten. Underveis utforsket de undervannsverdenen og beundret de vakre fiskene og sjøplantene som omgav dem.

Together, they formed a fearless group and continued the journey towards the coral cave. Along the way, they explored the underwater world and admired the beautiful fish and sea plants that surrounded them.

Til slutt nådde de korallgrotten. Det var et magisk syn. Korallene lyste i alle regnbuens farger, og glitrende skatter lå strødd rundt omkring. Tora og vennene hoppet av glede og begynte å samle skatter.

Finally, they reached the coral cave. It was a magical sight. The corals glowed in all the colors of the rainbow, and sparkling treasures were scattered around. Tora and her friends jumped with joy and started collecting the treasures.

Men midt i all moroa, oppdaget de en liten havhest som satt fast i en fiskegarn. Den lille havhesten så trist ut. Tora og vennene hoppet til unnsetning og hjalp havhesten med å løsne seg fra garnet.

But in the midst of all the fun, they discovered a little seahorse tangled in a fishing net. The little seahorse looked sad. Tora and her friends jumped to the rescue and helped the seahorse free itself from the net.

Havhesten var veldig takknemlig og inviterte Tora og vennene sine til å besøke havhestens hjem, et vakkert korallrev. Der ventet en festlig feiring og nye eventyr.

The seahorse was very grateful and invited Tora and her friends to visit the seahorse's home, a beautiful coral reef. There, a festive celebration awaited them, along with new adventures.

En Reise Mot Drømmene - A Journey Towards Dreams

Selma var en liten jente med store drømmer. Hun bodde i en idyllisk landsby omgitt av frodige skoger og majestetiske fjell. Hver kveld før hun la seg, stirret hun ut av vinduet sitt og drømte om å utforske det ukjente og oppleve fantastiske eventyr.

Selma was a little girl with big dreams. She lived in an idyllic village surrounded by lush forests and majestic mountains. Every evening before she went to bed, she would stare out of her window and dream of exploring the unknown and experiencing incredible adventures.

En dag våknet Selma med en gnistrende entusiasme. Hun visste at det var på tide å ta skrittet ut i verden og følge drømmene sine. Hun pakket sekken sin med mat, vann og en liten sovepose, og begynte sin reise.

One day, Selma woke up with a sparkling enthusiasm. She knew it was time to step out into the world and pursue her dreams. She packed her backpack with food, water, and a small sleeping bag, and began her journey.

Hun gikk gjennom den kjente skogen og krysset bekker og elver. Snart nådde hun foten av det majestetiske fjellet som alltid hadde virket så uoppnåelig. Men Selma var fast bestemt på å nå toppen.

She walked through the familiar forest and crossed streams and rivers. Soon, she reached the foot of the majestic mountain that had always seemed so unreachable. But Selma was determined to reach the summit.

Hun klatret og klatret, med hver meter følte hun seg sterkere og modigere. Til slutt sto hun på toppen av fjellet og ble møtt av en fantastisk utsikt. Hun kunne se dalene, innsjøene og de bølgende åsene langt der nede.

She climbed and climbed, with each meter feeling stronger and braver. Finally, she stood at the top of the mountain and was greeted by a breathtaking view. She could see the valleys, the lakes, and the rolling hills far below.

Mens hun pustet inn den friske fjelluften, innså Selma at eventyret bare hadde begynt. Hun hadde så mye mer å oppdage og utforske. Så hun satte seg ned, spiste sin medbrakte mat og tenkte på hvilken retning hun skulle ta.

As she breathed in the fresh mountain air, Selma realized that the adventure had only just begun. She had so much more to discover and explore. So she sat down, ate her packed food, and pondered which direction to take.

Plutselig hørte Selma en lyd i buskene. Hun snudde seg raskt og ble overrasket over å se en liten ekornunge som tittet frem. Ekornungen var redd og hadde gått seg vill. Selma visste akkurat hva hun måtte gjøre.

Suddenly, Selma heard a rustling in the bushes. She quickly turned around and was surprised to see a little squirrel peeking out. The squirrel was scared and had gotten lost. Selma knew exactly what she had to do.

Hun strakte ut hånden sin og lokket ekornungen forsiktig nærmere. Med tålmodighet og omsorg fikk hun den lille ekornungen til å føle seg trygg. Sammen gikk de på oppdagelsesferd gjennom skogene, og Selma lærte ekornungen veien hjem.

She reached out her hand and gently lured the squirrel closer. With patience and care, she made the little squirrel feel safe. Together, they went on an exploration through the forests, and Selma taught the squirrel the way home.

Da de til slutt kom til ekornungens tre, hoppet den av glede. Den viftet med halen sin som en takk til Selma og forsvant inn i tretoppene. Selma smilte bredt og følte seg oppfylt av glede og stolthet.

When they finally reached the squirrel's tree, it leaped with joy. It waved its tail as a thank you to Selma and disappeared into the treetops. Selma smiled widely and felt filled with joy and pride.

Selma fortsatte sin reise, og i hver ny situasjon var det alltid noen å hjelpe eller noe nytt å lære.

Selma continued her journey, and in each new situation, there was always someone to help or something new to learn.

Og så levde Selma et liv fylt med eventyr, vennskap og utforskning. Hun lærte at drømmer kan bli virkelighet når man har motet til å følge dem.

And so, Selma lived a life filled with adventure, friendship, and exploration. She learned that dreams can come true when you have the courage to pursue them.

Bjørn og Fuglen: Et Eventyr om Vennskap - Bjørn and the Bird: An Adventure of Friendship

---

Det var en gang en liten bjørnunge ved navn Bjørn. Han bodde sammen med familien sin i en dyp og frodig skog. Bjørn var nysgjerrig av natur og elsket å utforske skogens hemmeligheter.

Once upon a time, there was a little bear cub named Bjørn. He lived with his family in a deep and lush forest. Bjørn was naturally curious and loved to explore the secrets of the forest.

En solfylt morgen bestemte Bjørn seg for å gå på sitt største eventyr noensinne. Han sa farvel til mamma og pappa og la ut på reisen. Hans små poter bar ham gjennom skogen, og han oppdaget nye steder og møtte spennende skapninger underveis.

One sunny morning, Bjørn decided to embark on his greatest adventure yet. He bid farewell to his mom and dad and set off on his journey. His little paws carried him through the forest, and he discovered new places and met fascinating creatures along the way.

Etter timer med utforskning, kom Bjørn til en dyp dal. Dalen var full av frodige blomsterenger og klare bekker som danset nedover fjellsiden. Bjørn kunne ikke motstå fristelsen til å dyppe labbene i det forfriskende vannet.

After hours of exploration, Bjørn arrived at a deep valley. The valley was filled with lush flower meadows and clear streams that danced down the mountainside. Bjørn couldn't resist the temptation to dip his paws in the refreshing water.

Mens han lekte i vannet, hørte Bjørn en trist sang i det fjerne. Han fulgte lyden og oppdaget en liten fugl som satt på en grein og gråt. Fuglen hadde mistet flokken sin og følte seg alene.

As he played in the water, Bjørn heard a sad song in the distance. He followed the sound and discovered a little bird sitting on a branch, crying. The bird had lost its flock and felt alone.

Bjørn nærmet seg forsiktig og spurte om han kunne hjelpe. Fuglen snufset og fortalte Bjørn at den savnet sitt hjem og vennene sine. Bjørn bestemte seg for å være en venn for den lille fuglen og lovte å hjelpe den med å finne flokken sin.

Bjørn approached gently and asked if he could help. The bird sniffled and told Bjørn that it missed its home and friends. Bjørn decided to be a friend to the little bird and promised to help it find its flock.

Sammen begynte Bjørn og fuglen å lete etter flokken. Til slutt, etter mange eventyr og utfordringer, fant de flokken av fugler. Den lille fuglen hoppet av glede, og de andre fuglene var glade for å ha funnet igjen vennen sin.

Together, Bjørn and the bird began their search for the flock. Finally, after many adventures and challenges, they found the flock of birds. The little bird jumped with joy, and the other birds were happy to have their friend back.

Bjørn og fuglen sa farvel til hverandre, men de visste at de alltid ville være venner. Bjørn hadde lært verdien av vennskap og hvor viktig det var å hjelpe andre. Han vendte tilbake til skogen sin med et stort smil på snuten og et hjerte fullt av lykke.

Bjørn and the bird said goodbye to each other, but they knew they would always be friends. Bjørn had learned the value of friendship and how important it was to help others. He returned to his forest with a big smile on his snout and a heart full of happiness.

Og så levde Bjørn i skogen, hvor han fortsatte å utforske, oppleve nye eventyr og spre glede til alle dyrene rundt seg.

And so, Bjørn lived in the forest, where he continued to explore, experience new adventures, and spread joy to all the animals around him.

Mia og den fortryllede hagen - Mia and the Enchanted Garden

Det var en gang en liten jente ved navn Mia som elsket å leke i hagen sin. Hun hadde en fantastisk evne til å se det magiske i alt rundt seg. Mia visste at det bodde feer i blomstene og alver i de høye trærne.

Once upon a time, there was a little girl named Mia who loved playing in her garden. She had a wonderful ability to see the magic in everything around her. Mia knew that fairies lived in the flowers and elves dwelled in the tall trees.

En solrik dag, mens Mia plukket blomster, hørte hun en svak stemme som sa: "Hjelp oss, Mia!" Hun så seg rundt og oppdaget en liten, fortryllet skapning som satt fast i et spindelvev. Det var en nisse som het Nils.

One sunny day, while Mia was picking flowers, she heard a faint voice saying, "Help us, Mia!" She looked around and discovered a small enchanted creature trapped in a spider's web. It was a gnome named Nils.

Mia løp bort til Nils og hjalp ham med å bli fri. Nils takket Mia og fortalte henne at feene i blomstene hadde mistet sin magi. Uten deres magiske kraft ville blomstene visne og hagen miste sin skjønnhet.

Mia rushed to Nils and helped him become free. Nils thanked Mia and told her that the fairies in the flowers had lost their magic. Without their magical power, the flowers would wither, and the garden would lose its beauty.

Uten å nøle, bestemte Mia seg for å hjelpe. Hun visste at hun måtte finne den forsvunne fekronen, som var nøkkelen til feenes magi. Sammen med Nils begynte de å lete i hagen etter den tapte kronen.

Without hesitation, Mia decided to help. She knew she had to find the missing fairy crown, which was the key to the fairies' magic. Together with Nils, they started searching the garden for the lost crown.

De lette i blomsterbedene, undersøkte hvert hjørne av hagen og fulgte de glitrende støvstiene som feene etterlot seg. Etter mange eventyr og spennende oppdagelser, fant Mia og Nils den skjulte kronen i en gammel trestubbe.

They searched in the flower beds, explored every corner of the garden, and followed the sparkling trails of dust left by the fairies. After many adventures and exciting discoveries, Mia and Nils found the hidden crown inside an old tree stump.

Mia plasserte forsiktig kronen på en vakker blomst, og øyeblikkelig begynte hagen å blomstre med en overflod av farger og dufter. Feene kom ut fra sine gjemmesteder og takket Mia med dans og sang.

Mia carefully placed the crown on a beautiful flower, and instantly, the garden bloomed with an abundance of colors and fragrances. The fairies emerged from their hiding places and thanked Mia with dance and song.

Fra den dagen av var Mia og hagen hennes fylt med magi og glede. Mia fortsatte å besøke hagen hver dag, leke med feene og snakke med alvene. Hun visste at selv om hun var en vanlig jente, hadde hun et spesielt bånd med det magiske som omgav henne.

From that day on, Mia and her garden were filled with magic and joy. Mia continued to visit the garden every day, playing with the fairies and talking to the elves. She knew that even though she was an ordinary girl, she had a special connection with the magic that surrounded her.

Og så levde Mia lykkelig i hennes magiske hage, hvor eventyr og fortryllelse alltid var like rundt hjørnet.

And so Mia lived happily in her magical garden, where adventure and enchantment were always just around the corner.

Oliver og Øya med Skattene: En Eventyrlig Reise - Oliver and the Island of Treasures: An Adventurous Journey

---

Det var en gang en modig liten gutt ved navn Oliver. Han bodde i en liten landsby omgitt av store, grønne enger og høye fjell. Oliver hadde alltid vært nysgjerrig på verden utenfor landsbyen, og han drømte om å oppleve spennende eventyr.

Once upon a time, there was a brave little boy named Oliver. He lived in a small village surrounded by vast green meadows and tall mountains. Oliver had always been curious about the world outside the village, and he dreamed of experiencing exciting adventures.

En dag, da Oliver gikk på tur i skogen, kom han over et gammelt kart som var gjemt blant trærne. Kartet viste en mystisk øy som var fylt med skatter og hemmeligheter. Oliver kjente hjertet sitt banke av spenning og bestemte seg for å finne veien til øya.

One day, as Oliver was hiking in the forest, he came across an old map hidden among the trees. The map revealed a mysterious island filled with treasures and secrets. Oliver felt his heart pounding with excitement and decided to find his way to the island.

Han samlet sammen nødvendig utstyr og matpakke, og med kartet i hånden begynte han sin reise. Han klatret over fjell, krysset elver og gikk gjennom tette skoger.

He gathered the necessary equipment and packed a lunch, and with the map in his hand, he began his journey. He climbed over mountains, crossed rivers, and ventured through dense forests.

Etter mange dagers reise kom Oliver endelig fram til øya. Han ble overveldet av den vakre naturen, den hvite sanden og det krystallklare vannet. Men han visste at skattene og hemmelighetene ventet på å bli oppdaget.

After many days of traveling, Oliver finally arrived at the island. He was overwhelmed by the beautiful scenery, the white sandy beaches, and the crystal-clear water. But he knew that the treasures and secrets were waiting to be discovered.

Oliver begynte å utforske øya, og hver dag var fylt med nye og spennende oppdagelser. Han fant skjulte grotter, gamle ruiner og sjeldne blomster. Han kom også over et gammelt tempel, hvor han måtte løse gåter og utfordringer for å få tak i den ultimate skatten.

Oliver started exploring the island, and each day was filled with new and exciting discoveries. He found hidden caves, ancient ruins, and rare flowers. He also came across an old temple, where he had to solve puzzles and challenges to obtain the ultimate treasure.

Til slutt, etter å ha overvunnet alle hindringer og visdommen fra øya, sto Oliver foran den skjulte skatten. Det var ikke en bunke med gull og juveler, men en bok fylt med historier og eventyr fra alle verdens hjørner.

Finally, after overcoming all the obstacles and gaining wisdom from the island, Oliver stood before the hidden treasure. It wasn't a pile of gold and jewels, but a book filled with stories and adventures from all corners of the world.

Oliver innså at den virkelige skatten var kunnskapen og opplevelsene han hadde fått gjennom sin reise. Han følte seg beriket og visste at han alltid kunne bære med seg øyens visdom i sitt hjerte.

Oliver realized that the real treasure was the knowledge and experiences he had gained through his journey. He felt enriched and knew that he could always carry the wisdom of the island in his heart.

Og så fortsatte Oliver å leve et liv fylt med eventyr og utforskning. Han delte sine historier med venner og familie, inspirerte andre til å følge sine drømmer og oppdage skatter i verden rundt dem.

And so, Oliver continued to live a life filled with adventure and exploration. He shared his stories with friends and family, inspiring others to follow their dreams and discover treasures in the world around them.

Eventyret om Emma: Magien i Ordene - The Tale of Emma: The Magic of Words

---

Det var en gang en liten jente ved navn Emma som elsket å lese. Hun kunne forsvinne inn i bøkenes magiske verden og leve utrolige eventyr gjennom sidene. Emma hadde en bok som var spesiell for henne - den hadde en blank side i begynnelsen som hun kunne fylle med sine egne historier.

Once upon a time, there was a little girl named Emma who loved to read. She could disappear into the magical world of books and experience incredible adventures through the pages. Emma had a book that was special to her—it had a blank page at the beginning that she could fill with her own stories.

En dag bestemte Emma seg for å skrive sin egen historie i den blanke siden av boken. Hun tok tak i blyanten og lot fantasien flyte fritt. Hun skrev om en modig prinsesse som dro ut på en farefull reise for å redde sitt kongerike fra en ond trollmann.

One day, Emma decided to write her own story on the blank page of the book. She took hold of her pencil and let her imagination run wild. She wrote about a brave princess who embarked on a perilous journey to save her kingdom from an evil sorcerer.

Mens Emma skrev, kunne hun føle at historien tok form. Hun levde seg helt inn i prinsessens eventyr og kunne nesten kjenne den kalde vinden og høre de dunkle stemmene til de onde skapningene. Boken ble magisk, og historien hennes ble levende.

As Emma wrote, she could feel the story taking shape. She immersed herself completely in the princess's adventure and could almost feel the cold wind and hear the ominous voices of the evil creatures. The book became magical, and her story came to life.

Emma fortsatte å skrive hver dag, og snart hadde hun skapt et helt univers fylt med spennende karakterer og fantastiske steder. Hun delte historiene sine med familie og venner, og de ble like begeistret som henne.

Emma continued to write every day, and soon she had created an entire universe filled with exciting characters and amazing places. She shared her stories with family and friends, and they were just as thrilled as she was.

En dag oppdaget Emma at ordene og historiene i boken begynte å påvirke den virkelige verden. Når hun skrev om solskinn og glede, strålte solen på himmelen og alle rundt henne smilte. Når hun skrev om vennskap og kjærlighet, følte alle en varm og kjærlig atmosfære.

One day, Emma discovered that the words and stories in the book started to influence the real world. When she wrote about sunshine and joy, the sun shone brightly in the sky, and everyone around her smiled. When she wrote about friendship and love, everyone felt a warm and loving atmosphere.

Emma innså at hun hadde en unik gave - evnen til å skape positive endringer gjennom sine historier. Hun bestemte seg for å bruke sin gave til å spre glede, håp og inspirasjon til andre mennesker.

Emma realized that she had a unique gift—the ability to create positive change through her stories. She decided to use her gift to spread joy, hope, and inspiration to other people.

Og så fortsatte Emma å skrive, og hennes historier ble elsket av mennesker over hele verden. Hun ble en berømt forfatter og fortsatte å bruke ordene sine til å forandre liv og formidle viktige budskap.

And so, Emma continued to write, and her stories were loved by people all around the world. She became a famous author and continued to use her words to change lives and convey important messages.

Til slutt skrev Emma den vakreste historien av alle - historien om hvordan en liten jente med en bok og en drøm kunne skape magi og inspirere andre til å tro på seg selv og følge sine egne drømmer.

In the end, Emma wrote the most beautiful story of all—the story of how a little girl with a book and a dream could create magic and inspire others to believe in themselves and pursue their own dreams.

Og Emma levde lykkelig, omgitt av kjærlighet og takknemlighet fra alle som hadde blitt berørt av hennes fantastiske historier.

And Emma lived happily, surrounded by love and gratitude from everyone who had been touched by her amazing stories.

Prinsen og Den Mystiske Øya - The Prince and the Mysterious Island

---

Det var en gang en ung prins ved navn Liam som bodde i et stort slott sammen med sin far, kongen. Slottet var omgitt av frodige skoger og et mektig fjellandskap. Liam hadde alltid drømt om eventyr og å utforske det ukjente.

Once upon a time, there was a young prince named Liam who lived in a grand castle with his father, the king. The castle was surrounded by lush forests and a majestic mountain landscape. Liam had always dreamed of adventures and exploring the unknown.

En dag fikk Liam høre om en mystisk øy langt utenfor kysten. Ryktene sa at øya var full av magi og skjulte skatter. Liam bestemte seg for å dra på en reise for å finne øya og oppdage dens hemmeligheter.

One day, Liam heard about a mysterious island far off the coast. Rumor had it that the island was full of magic and hidden treasures. Liam decided to embark on a journey to find the island and uncover its secrets.

Med sin modige hest og sin trofaste følgesvenn, en modig hund ved navn Finn, bega Liam seg ut på sjøen. De seilte gjennom stormfulle bølger og fulgte stjernene som veiledning.

With his brave horse and his loyal companion, a courageous dog named Finn, Liam set sail on the sea. They sailed through stormy waves and followed the stars as their guide.

Etter mange dagers reise så Liam endelig konturene av den mystiske øya. Den var frodig og grønn, med klipper som strakte seg mot himmelen. Liam visste at eventyret hans akkurat hadde begynt.

After many days of travel, Liam finally caught sight of the contours of the mysterious island. It was lush and green, with cliffs reaching toward the sky. Liam knew that his adventure was just beginning.

På øya møtte Liam snille skapninger som hjalp ham på hans ferd. Han oppdaget magiske skoger fylt med dansende alver og vakre blomster. Han fant også en gammel bok som inneholdt visdom fra generasjoner før ham.

On the island, Liam encountered kind creatures who assisted him on his journey. He discovered magical forests filled with dancing fairies and beautiful flowers. He also found an ancient book that contained wisdom from generations before him.

Liam lærte verdien av tapperhet og medfølelse gjennom sine møter med ulike skapninger og utfordringer på øya. Han innså at ekte skatter ikke alltid var fysiske gjenstander, men kunne være verdifulle erfaringer og forbindelser med andre.

Liam learned the value of bravery and compassion through his encounters with various creatures and challenges on the island.

He realized that true treasures were not always physical objects but could be valuable experiences and connections with others.

Etter en lang og begivenhetsrik reise var det på tide for Liam å dra tilbake til slottet sitt. Han hadde blitt en klok og modig prins, og han bar med seg hjertet fullt av eventyr og minner.

After a long and eventful journey, it was time for Liam to return to his castle. He had become a wise and brave prince, carrying his heart full of adventure and memories.

Liam delte sine opplevelser med sin far, kongen, og de to delte et sterkt bånd basert på deres felles kjærlighet til eventyr. Liam ble en god og rettferdig leder, og kongeriket blomstret under hans styre.

Liam shared his experiences with his father, the king, and the two formed a strong bond based on their shared love for adventure. Liam became a good and fair leader, and the kingdom flourished under his rule.

Og så levde Liam lykkelig, omgitt av kjærlighet og med et hjerte som alltid ville lengte etter nye eventyr og oppdagelser.

And so Liam lived happily, surrounded by love and with a heart that would always long for new adventures and discoveries.

Isabellas Eventyr i Skogen: En Reise gjennom Natur og Oppdagelse -

Isabella's Adventures in the Forest: A Journey of Nature and Discovery

Det var en gang en liten jente ved navn Isabella, som bodde i en liten landsby omgitt av frodige enger og høye trær. Isabella var kjent for sin nysgjerrighet og sin lidenskap for å utforske naturen.

Once upon a time, there was a little girl named Isabella, who lived in a small village surrounded by lush meadows and tall trees. Isabella was known for her curiosity and her passion for exploring nature.

En dag bestemte Isabella seg for å gå på eventyr i den store skogen som lå like ved landsbyen. Hun pakket en ryggsekk med mat og drikke, og med et smil på leppene begynte hun sin reise.

One day, Isabella decided to go on an adventure in the vast forest that lay just beyond the village. She packed a backpack with food and drinks, and with a smile on her lips, she began her journey.

Mens hun vandret gjennom skogen, oppdaget Isabella mange spennende ting. Hun fant fargerike blomster og mystiske spor etter dyrene som bodde der. Hun lyttet til fuglene synge og pustet inn den friske duften av trærne.

As she wandered through the forest, Isabella discovered many exciting things. She found colorful flowers and mysterious animal tracks. She listened to the birds singing and breathed in the fresh scent of the trees.

Plutselig hørte Isabella en svak gråt som kom fra en busk. Hun fulgte lyden og fant en liten, skadet fugleunge. Isabella tok forsiktig fuglen i hendene sine og visste at hun måtte hjelpe den.

Suddenly, Isabella heard a faint cry coming from a bush. She followed the sound and found a small injured baby bird. Isabella gently picked up the bird in her hands and knew that she had to help it.

Isabella laget en liten seng av mykt gress og la fuglen forsiktig ned. Hun gikk for å finne vann og mat til den lille fuglen.

Isabella made a small bed of soft grass and carefully laid the bird down. She went to find water and food for the little bird.

Etter noen dager begynte fuglen å bli sterkere og kunne fly igjen. Isabella visste at det var på tide å slippe den fri. Hun bar den forsiktig ut i skogen og slapp den forsiktig ned på en gren.

After a few days, the bird started to get stronger and could fly again. Isabella knew it was time to set it free. She carried it carefully into the forest and gently released it onto a branch.

Fuglen kvitret av glede og fløy av sted, og Isabella smilte bredt. Hun hadde hjulpet en liten skapning og følte seg fylt av glede og takknemlighet.

The bird chirped with joy and flew away, and Isabella smiled widely. She had helped a little creature and felt filled with joy and gratitude.

Isabella fortsatte sitt eventyr i skogen, og hun oppdaget mange flere fantastiske ting. Hun møtte hjorter som vandret fritt, fant skjulte bekker og oppdaget hemmelige stier.

Isabella continued her adventure in the forest, and she discovered many more amazing things. She encountered deer roaming freely, found hidden streams, and discovered secret trails.

Hun lærte å sette pris på naturens skjønnhet og viktigheten av å ta vare på den. Hun visste at selv små handlinger kunne gjøre en stor forskjell i å bevare og verne om naturen.

She learned to appreciate the beauty of nature and the importance of taking care of it. She knew that even small actions could make a big difference in preserving and protecting the environment.

Etter en lang dag med utforskning, vendte Isabella tilbake til landsbyen, mett av eventyr og nye opplevelser. Hun visste at naturen alltid ville være der for henne, og at det var mange flere eventyr som ventet på å bli utforsket.

After a long day of exploration, Isabella returned to the village, full of adventure and new experiences. She knew that nature would always be there for her, and that there were many more adventures waiting to be explored.

Og så levde Isabella lykkelig, omgitt av naturens magi og med et hjerte fylt av takknemlighet for alle de vakre skapningene og stedene hun hadde møtt på sin reise.

And so Isabella lived happily, surrounded by the magic of nature and with a heart filled with gratitude for all the beautiful creatures and places she had encountered on her journey.

Oliver og Kaninen: Et Vennskap i Hagen - Oliver and the Rabbit: A Friendship in the Garden

---

Det var en gang en liten gutt ved navn Oliver, som elsket å leke i hagen sin. Hagen var fylt med vakre blomster, høye trær og en frodig grønn plen. Oliver tilbrakte timevis med å utforske og oppdage skjulte hjørner av hagen.

Once upon a time, there was a little boy named Oliver who loved to play in his garden. The garden was filled with beautiful flowers, tall trees, and a lush green lawn. Oliver spent hours exploring and discovering hidden corners of the garden.

En dag, mens Oliver lekte blant blomsterbedene, oppdaget han en liten, søt kanin som hadde gjemt seg under en busk. Kaninen var redd og skjelvende. Oliver kjente medfølelse og ønsket å hjelpe den.

One day, while Oliver was playing among the flower beds, he discovered a small, adorable rabbit hiding under a bush. The rabbit was scared and trembling. Oliver felt empathy and wanted to help it.

Oliver satte seg forsiktig ned og snakket rolig til kaninen. Han strakte ut hånden sin og lot kaninen lukte på den. Etter litt tid, følte kaninen seg trygg og kom fram for å bli kjent med Oliver.

Oliver sat down gently and spoke softly to the rabbit. He reached out his hand and let the rabbit sniff it. After some time, the rabbit felt safe and came forward to get to know Oliver.

Oliver visste at kaninen var sulten, så han gikk inn i huset sitt og fant litt gulrøtter. Han la dem ned foran kaninen, og den begynte å spise ivrig. Oliver smilte og visste at han hadde fått en ny venn.

Oliver knew that the rabbit was hungry, so he went into his house and found some carrots. He placed them in front of the rabbit, and it started eating eagerly. Oliver smiled and knew he had made a new friend.

Fra den dagen av, ble kaninen en fast følgesvenn for Oliver. De lekte sammen, utforsket hagen og hadde mange eventyr. Kaninen elsket å hoppe rundt i gresset mens Oliver løp ved siden av den, og de lo og koste seg sammen.

From that day on, the rabbit became a constant companion for Oliver. They played together, explored the garden, and had many adventures. The rabbit loved hopping around in the grass while Oliver ran alongside it, and they laughed and enjoyed each other's company.

Oliver lærte mye fra kaninen. Han lærte å være tålmodig, omsorgsfull og å sette pris på naturens skjønnhet. Han forstod at vennskap kan komme fra de mest uventede stedene, og at det å bry seg om andre skapninger er en viktig del av å være et godt menneske.

Oliver learned a lot from the rabbit. He learned to be patient, caring, and to appreciate the beauty of nature. He understood that friendship can come from the most unexpected places, and that caring for other creatures is an important part of being a good person.

Og så levde Oliver og kaninen lykkelig i hagen, omgitt av kjærlighet og glede. De skapte mange vakre minner sammen og delte et vennskap som varte livet ut.

And so Oliver and the rabbit lived happily in the garden, surrounded by love and joy. They created many beautiful memories together and shared a friendship that lasted a lifetime.

Den Magiske Innsjøen: Mia og Olivers Fantastiske Eventyr - The Magical Lake: Mia and Oliver's Amazing Adventures

---

Det var en gang en liten jente ved navn Mia, som bodde i en koselig landsby omgitt av skoger og en sprudlende elv. Mia var en eventyrlysten sjel som alltid var på utkikk etter nye opplevelser.

Once upon a time, there was a little girl named Mia, who lived in a cozy village surrounded by forests and a bubbling river. Mia was an adventurous soul who was always on the lookout for new experiences.

En dag hørte Mia en mystisk melodi som svevde gjennom luften. Nysgjerrig fulgte hun lyden og fant en skjult sti som førte til en glitrende innsjø. Innsjøen var omgitt av høye fjell og et teppe av blomster i alle regnbuens farger.

One day, Mia heard a mysterious melody floating through the air. Curious, she followed the sound and discovered a hidden path that led to a shimmering lake. The lake was surrounded by tall mountains and a carpet of flowers in all the colors of the rainbow.

Mia følte seg som om hun hadde kommet til et magisk sted. Hun tok av seg skoene og dyppet tærne i det klare vannet. Det føltes som om hun ble omfavnet av naturens kjærlighet.

Mia felt like she had arrived in a magical place. She took off her shoes and dipped her toes into the clear water. It felt as if she was being embraced by nature's love.

Mens Mia utforsket innsjøen, hørte hun en sorgfull stemme som kom fra en tretopp. Hun så opp og oppdaget en ensom ugle som stirret ned på henne med triste øyne. Uglens navn var Oliver, og han hadde mistet sin familie under en storm.

As Mia explored the lake, she heard a sorrowful voice coming from a treetop. She looked up and discovered a lonely owl staring down at her with sad eyes. The owl's name was Oliver, and he had lost his family during a storm.

Mia følte medfølelse for Oliver og bestemte seg for å hjelpe ham. Hun bygde en liten rede ved siden av sitt eget vindu og inviterte Oliver til å bo der. Fra den dagen av ble de beste venner og delte mange eventyr sammen.

Mia felt compassion for Oliver and decided to help him. She built a small nest next to her own window and invited Oliver to live there. From that day on, they became best friends and shared many adventures together.

En dag kom Mia til innsjøen og fant den dekket av søppel. Hun ble trist og bekymret for dyrene og naturen som bodde der. Mia og Oliver bestemte seg for å rydde opp og spre bevissthet om viktigheten av å ta vare på miljøet.

One day, Mia arrived at the lake and found it covered in litter. She felt sad and worried about the animals and nature that lived there. Mia and Oliver decided to clean up and spread awareness about the importance of taking care of the environment.

Sammen organiserte de en stor oppryddingsaksjon og inviterte alle i landsbyen til å delta. Folk ble inspirert av deres innsats, og snart var innsjøen igjen et rent og vakkert sted å være.

Together, they organized a big clean-up campaign and invited everyone in the village to participate. People were inspired by their efforts, and soon the lake was once again a clean and beautiful place to be.

Mia og Oliver fortsatte å være beskyttere av innsjøen og naturen rundt den. De lærte andre om viktigheten av å respektere og ta vare på miljøet for kommende generasjoner.

Mia and Oliver continued to be guardians of the lake and the nature around it. They taught others about the importance of respecting and caring for the environment for future generations.

Og så levde Mia og Oliver lykkelig, omgitt av naturens skjønnhet og med et hjerte fylt av kjærlighet for hverandre og verden rundt dem. De visste at selv de minste handlingene kunne gjøre en stor forskjell.

And so Mia and Oliver lived happily, surrounded by the beauty of nature and with hearts filled with love for each other and the world around them. They knew that even the smallest actions could make a big difference.

Markus og Fjellets Hemmeligheter - Markus and the Secrets of the Mountains

---

Det var en gang en liten gutt ved navn Markus som bodde i en liten landsby omgitt av frodige grønne enger og høye fjell. Markus elsket å tilbringe tid utendørs og utforske naturen rundt seg.

Once upon a time, there was a little boy named Markus who lived in a small village surrounded by lush green meadows and tall mountains. Markus loved spending time outdoors and exploring the nature around him.

En solfylt sommerdag bestemte Markus seg for å dra på en eventyrlig fottur i fjellene. Han pakket en ryggsekk med mat, vann og et kart, og med et stort smil begynte han sin reise oppover stien.

One sunny summer day, Markus decided to go on an adventurous hike in the mountains. He packed a backpack with food, water, and a map, and with a big smile, he started his journey up the trail.

Markus beundret den fantastiske utsikten mens han klatret høyere og høyere. Han kunne se de frodige dalene og det glitrende vannet i det fjerne. Han følte seg som om han var på toppen av verden.

Markus admired the breathtaking view as he climbed higher and higher. He could see the lush valleys and the sparkling water in the distance. He felt as if he was on top of the world.

Mens Markus fortsatte å utforske fjellene, oppdaget han et skjult vannfall. Det var majestetisk og sprøytet krystallklart vann ned i en liten innsjø. Markus kunne kjenne det forfriskende vannsprøytet på ansiktet sitt.

As Markus continued to explore the mountains, he discovered a hidden waterfall. It was majestic and sprayed crystal-clear water down into a small lake. Markus could feel the refreshing mist on his face.

Markus bestemte seg for å ta en pause og nyte den vakre naturen rundt seg. Han fant en grønn gressflekk ved siden av innsjøen og satte seg ned. Han lyttet til lyden av fossefallene og så på fiskene som svømte i det klare vannet.

Markus decided to take a break and enjoy the beautiful nature around him. He found a green patch of grass beside the lake and sat down. He listened to the sound of the waterfalls and watched the fish swimming in the clear water.

Etter å ha hvilt en stund, fortsatte Markus sin fottur gjennom fjellene. Han fulgte stien som førte ham til en høyde med en fantastisk utsikt over hele dalen. Han kunne se landsbyen hans langt der nede, og han følte seg stolt over å kjenne dette vakre stedet som sitt hjem.

After resting for a while, Markus continued his hike through the mountains. He followed the trail that led him to a summit with a stunning view of the entire valley. He could see his village far down below, and he felt proud to call this beautiful place his home.

Med et hjerte fylt av takknemlighet vendte Markus tilbake til landsbyen. Han visste at han alltid ville huske denne spesielle dagen og alle de fantastiske opplevelsene han hadde hatt i fjellene.

With a heart full of gratitude, Markus returned to the village. He knew that he would always remember this special day and all the amazing experiences he had in the mountains.

Markus fortsatte å utforske og oppdage naturens skjønnhet gjennom hele livet sitt. Han lærte verdien av å være i harmoni med naturen og å ta vare på miljøet. Han visste at naturen var en kilde til glede og inspirasjon, og han var takknemlig for hvert eventyr han fikk oppleve.

Markus continued to explore and discover the beauty of nature throughout his life. He learned the value of being in harmony with nature and taking care of the environment. He knew that nature was a source of joy and inspiration, and he was grateful for every adventure he got to experience.

Den Magiske Skogen - The Magical Forest

Det var en gang en liten jente ved navn Sofia som bodde i en liten by ved foten av fjellene. Hun hadde alltid vært fascinert av skogen som lå like utenfor byen. Skogen virket mystisk og fortryllende, og Sofia drømte om å utforske dens hemmeligheter.

Once upon a time, there was a little girl named Sofia who lived in a small town at the foot of the mountains. She had always been fascinated by the forest that lay just outside the town. The forest seemed mysterious and enchanting, and Sofia dreamed of exploring its secrets.

En dag bestemte Sofia seg for å våge seg inn i den magiske skogen. Hun pakket med seg en liten piknikkurv med mat og en notatbok for å dokumentere sine oppdagelser.

One day, Sofia decided to venture into the magical forest. She packed a small picnic basket with food and a notebook to document her discoveries.

Sofia gikk langs en sti dekket av myke moseputer og lyttet til de beroligende lydene av fuglesang. Solens stråler filtrerte gjennom tretoppene og skapte et magisk spill av lys og skygge.

Sofia walked along a path covered with soft moss cushions and listened to the soothing sounds of birdsong. The sun's rays filtered through the treetops, creating a magical play of light and shadow.

Mens Sofia utforsket skogen, oppdaget hun en klar bekk som sildret stille gjennom steinene. Vannet var krystallklart, og hun kunne se små fisker som svømte lekent under overflaten.

As Sofia explored the forest, she discovered a clear stream trickling softly through the rocks. The water was crystal clear, and she could see little fish swimming playfully beneath the surface.

Plutselig hørte Sofia et sart stemme på avstand. Hun fulgte lyden og kom til et lite åpent område i skogen. Der fant hun en gruppe alver som danset i sirkler og lo med glede.

Suddenly, Sofia heard a delicate voice in the distance. She followed the sound and arrived at a small clearing in the forest. There, she found a group of fairies dancing in circles and laughing with joy.

Sofia ble invitert til å bli med i alvenes festligheter. Hun danset rundt med dem og følte seg som om hun var en del av et eventyr.

Sofia was invited to join the fairies' festivities. She danced around with them and felt like she was part of a fairytale.

Når kvelden nærmet seg, sa alvene farvel til Sofia. De ga henne en liten magisk amulett som takk for hennes selskap og sa at hun alltid ville være velkommen tilbake til skogen.

As the evening approached, the fairies bid farewell to Sofia. They gave her a small magical amulet as a token of gratitude for her company and said she would always be welcome back to the forest.

Sofia forlot skogen med et smil om munnen og en følelse av takknemlighet. Hun visste at hun hadde oppdaget noe helt spesielt i den magiske skogen, og at minnene fra dette eventyret ville vare evig.

Sofia left the forest with a smile on her face and a feeling of gratitude. She knew she had discovered something truly special in the magical forest, and the memories of this adventure would last forever.

Den tapre lille egernungen - The Brave Little Squirrel

Det var en gang en liten egernunge ved navn Emilie som bodde i et stort eiketre i skogen. Emilie var ikke som de andre egernungene - hun var nysgjerrig og eventyrlysten.

Once upon a time, there was a little squirrel named Emily who lived in a big oak tree in the forest. Emily was not like the other squirrel babies - she was curious and adventurous.

En dag bestemte Emilie seg for å utforske verden utenfor treet sitt. Hun hoppet fra gren til gren, utforsket hver krik og krok, og møtte mange forskjellige dyr langs veien.

One day, Emily decided to explore the world outside her tree. She jumped from branch to branch, explored every nook and cranny, and met many different animals along the way.

Emilies hjerte banket av spenning da hun kom til en elv som fløt gjennom skogen. Hun visste ikke hvordan hun skulle krysse elven, men hennes nysgjerrighet drev henne fremover.

Emily's heart pounded with excitement as she arrived at a river flowing through the forest. She didn't know how to cross the river, but her curiosity pushed her forward.

Plutselig hørte Emilie en stemme bak seg. Det var en liten frosk som bodde ved elvebredden. Frosken tilbød seg å hjelpe Emilie ved å bære henne på ryggen over elven.

Suddenly, Emily heard a voice behind her. It was a little frog who lived by the riverbank. The frog offered to help Emily by carrying her on its back across the river.

Emilie takket frosken og holdt seg fast mens de svømte over elven. Da de nådde den andre siden, takket hun frosken for hjelpen og fortsatte på sitt eventyr.

Emily thanked the frog and held on tight as they swam across the river. When they reached the other side, she thanked the frog for its help and continued on her adventure.

Etter en lang dag med eventyr og utforskning var det på tide for Emilie å vende tilbake til treet sitt. Hun var stolt av seg selv og den modige lille egernungen hun hadde blitt.

After a long day of adventure and exploration, it was time for Emily to return to her tree. She was proud of herself and the brave little squirrel she had become.

Emilie innså at selv om verden utenfor treet kunne være skremmende, var det også fylt med spennende opplevelser og venner å møte. Hun visste at eventyrene hennes ikke hadde noen grenser.

Emily realized that even though the world outside the tree could be scary, it was also filled with exciting experiences and friends to meet. She knew that her adventures had no limits.

Og så levde Emilie lykkelig, omgitt av kjærlighet fra familien sin og med et hjerte fylt av eventyrlyst og mot. Hun visste at det var mange flere eventyr som ventet på å bli utforsket i skogen og utover.

And so, Emily lived happily, surrounded by love from her family and with a heart filled with curiosity and bravery. She knew that there were many more adventures waiting to be explored in the forest and beyond.

www.ingramcontent.com/pod-product-compliance
Lightning Source LLC
LaVergne TN
LVHW012153030225
802900LV00035B/920